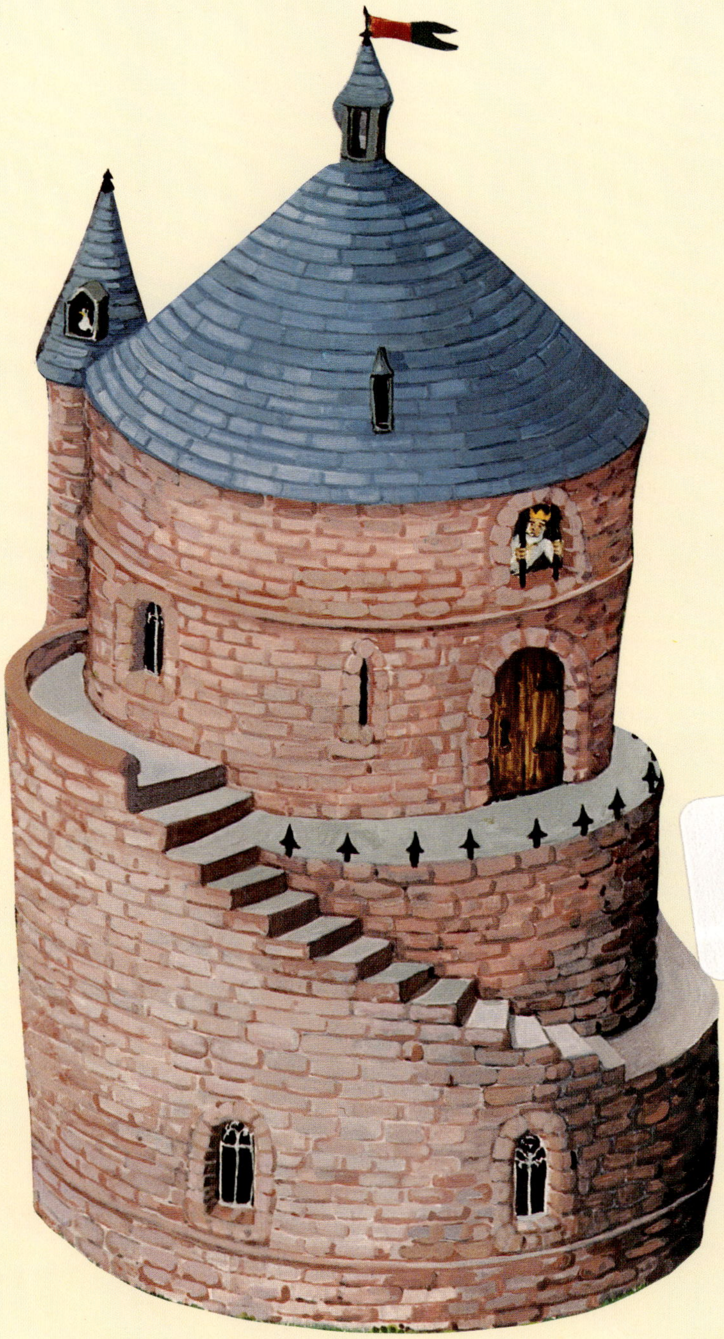

D1751988

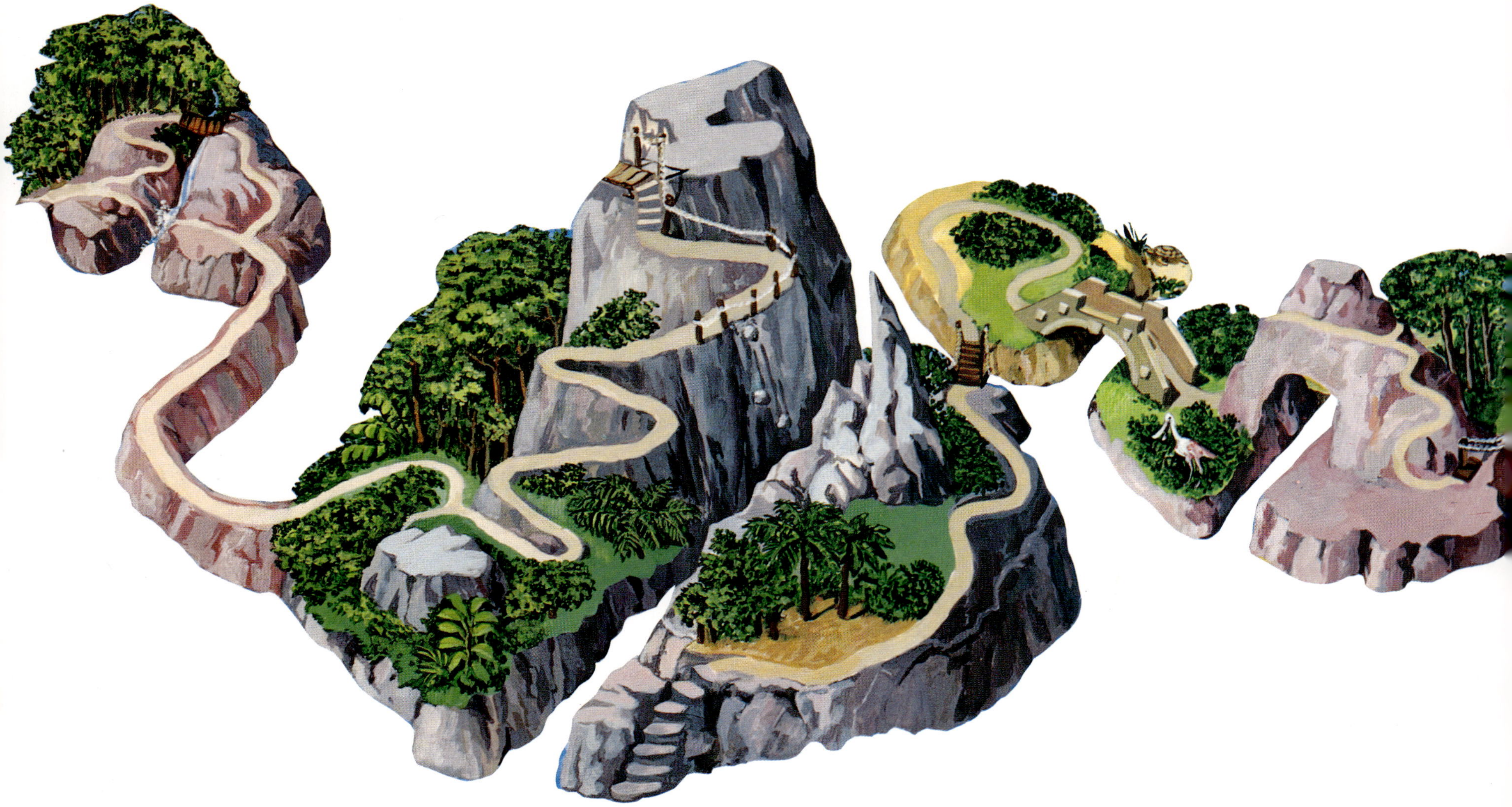

Juliet & Charles Snape

Wer findet den Weg?

12 verrückte Labyrinthe

Thienemann

Wer findet den Weg?:
12 verrückte Labyrinthe / Juliet & Charles Snape. –
Stuttgart; Wien; Bern: Thienemann, 1995
ISBN 3 522 43212 6

© der deutschsprachigen Ausgabe 1995 by
K. Thienemanns Verlag, Stuttgart – Wien – Bern
Titel der englischen Originalausgabe:
„The Fantastic Maze Book"
Aus dem Englischen von Stefan Wendel
Einbandtypographie: Michael Kimmerle
Schrift: Garamond
Satz: Satzteam Ditzingen
Printed and bound in Hongkong

© 1994 by Juliet & Charles Snape
First published in the United Kingdom in 1994 by
Julia MacRae, Random House
20 Vauxhall Bridge Road
London SW1V 2SA
6 5 4 3   96 97 98 99

Gleich geht's los!

Ein Labyrinth ist ein Gewirr aus Wegen oder Gängen mit falschen Abzweigungen, Sackgassen und Fallen. Ans Ziel zu gelangen soll möglichst schwer sein. Labyrinthe sind trickreich – und darin liegt der Reiz.

Schon die alten Ägypter und Griechen haben sich Labyrinthe ausgedacht. Der Minotauros in der griechischen Sage beispielsweise, ein Ungeheuer, das halb Stier-, halb Menschengestalt besaß, war in einem Labyrinth eingesperrt. Heutzutage kann man Labyrinthe noch in den Gärten von einigen Schlössern finden.

Die Labyrinthe in diesem Buch haben wir uns ausgedacht, um deine Phantasie und deinen Grips herauszufordern. Den Ausgangspunkt und das Ziel haben wir absichtlich nirgendwo deutlich gekennzeichnet. Unsere Labyrinthe fangen auch nicht immer links an und enden rechts. Jedes ist anders angelegt. Zu entdecken, wo es losgeht, ist Teil der Herausforderung. Bist du bereit, mitten in die Bilder hineinzuschlüpfen, geheimnisvolle Zimmer zu betreten, hinter Säulen zu schauen, durch Türen zu gehen, steile Treppen hinaufzusteigen, Seile hinunterzuklettern oder auch mal in einem Kanu zu fahren? Am Ende des Buches findest du die Auflösungen. Aber nicht mogeln, hörst du! Schau erst nach, wenn du dich völlig verirrt hast. Es macht viel mehr Spaß, den Weg zum Ziel ganz allein zu finden.

Juliet und Charles

Eine gefährliche Wanderung

Der Weg zu dem einsam gelegenen Haus führt durch die gefährlichen Berge. Verirr dich nicht!

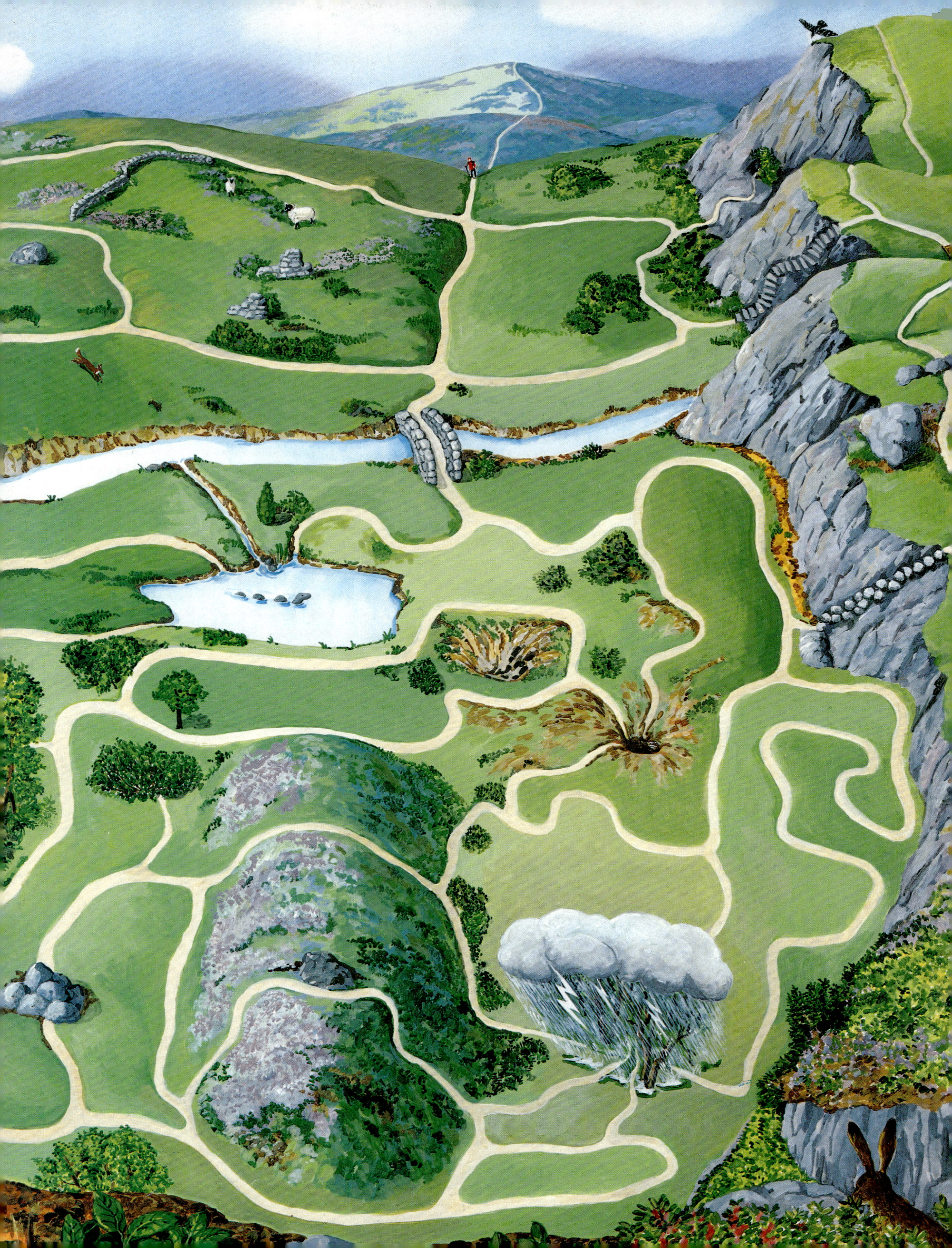

In einer fremden Stadt

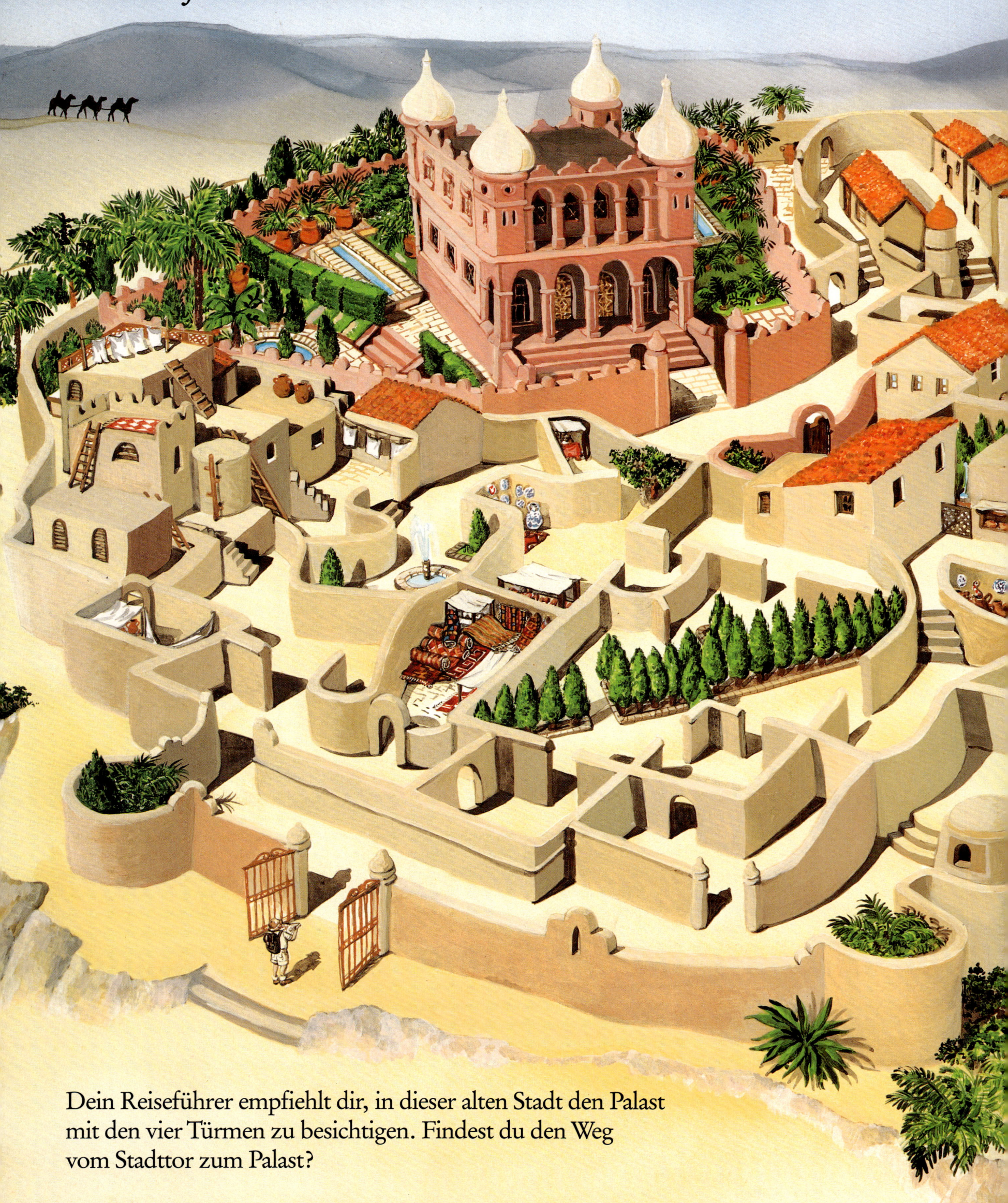

Dein Reiseführer empfiehlt dir, in dieser alten Stadt den Palast mit den vier Türmen zu besichtigen. Findest du den Weg vom Stadttor zum Palast?

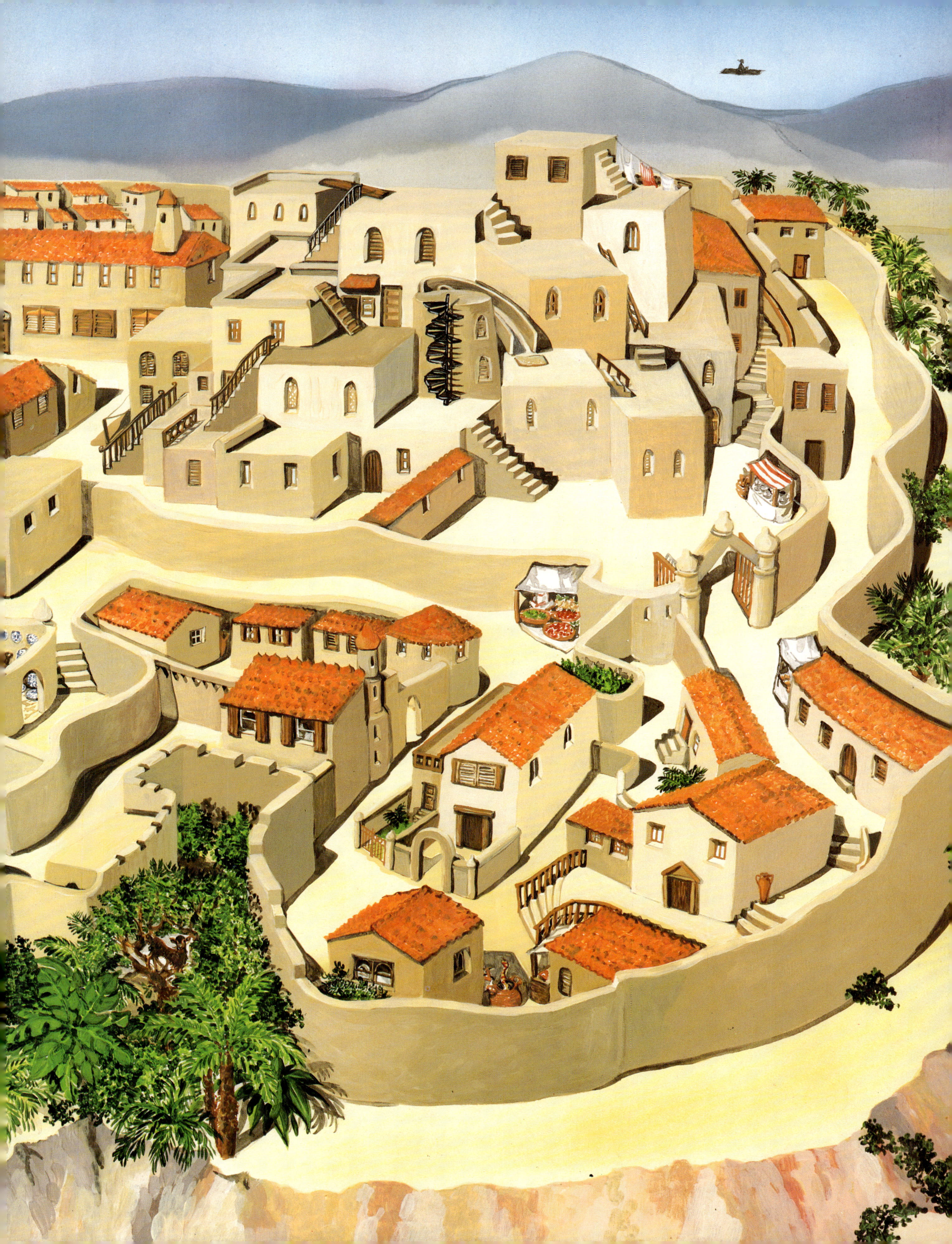

Eine Kanu-Fahrt

Der Steg ist die einzige Stelle, an der du sicher an Land gehen kannst. Kannst du dich mit deinem Kanu bis dorthin durchschlagen? Aber nimm dich in acht vor dem Strudel, den Krokodilen und dem Wasserfall!

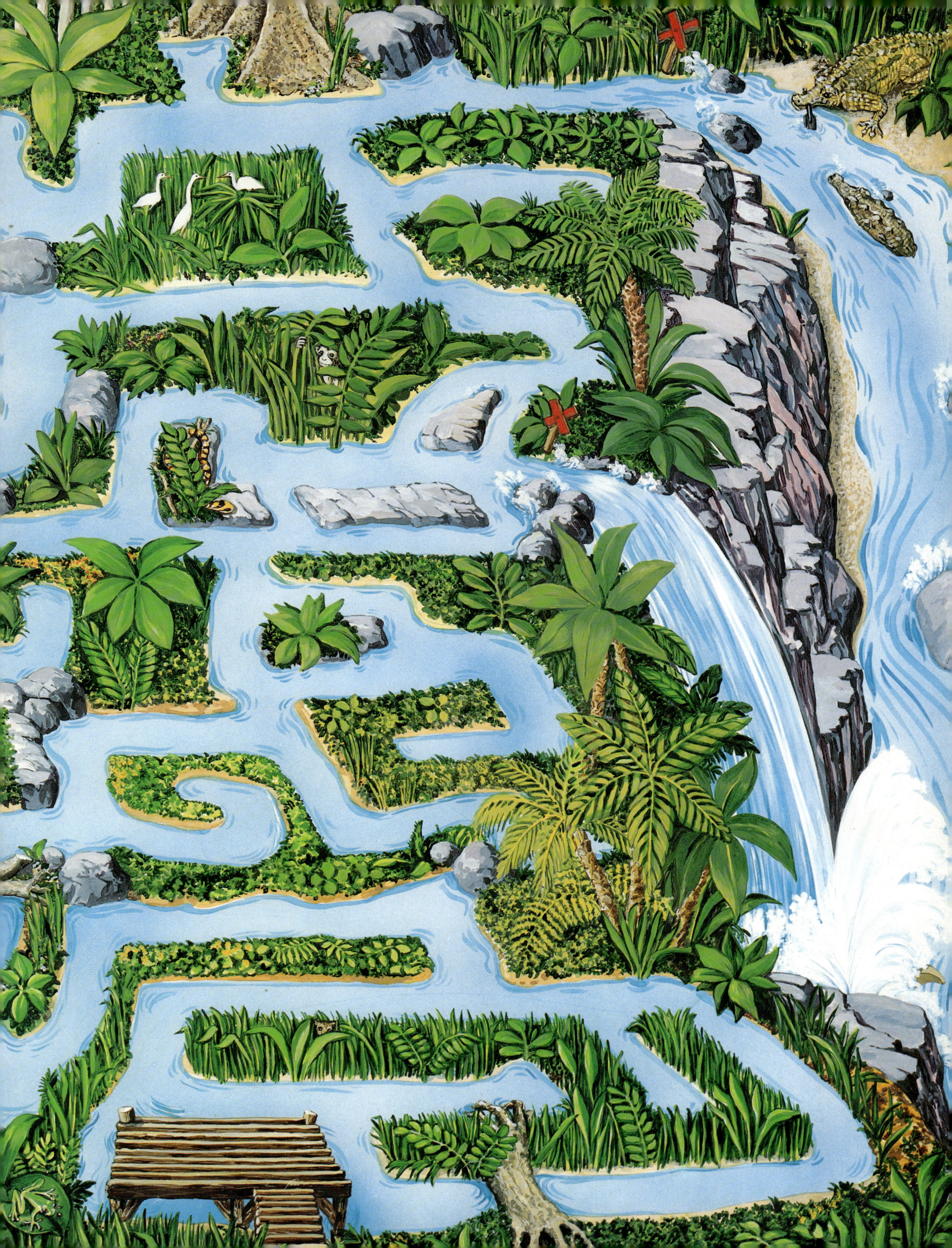

Von Baumhaus zu Baumhaus

Der kleine grüne Kobold ist bei der Baumfee zu Kaffee und Kuchen eingeladen. Kannst du ihm helfen, den Weg durch die Baumhäuser zu finden?

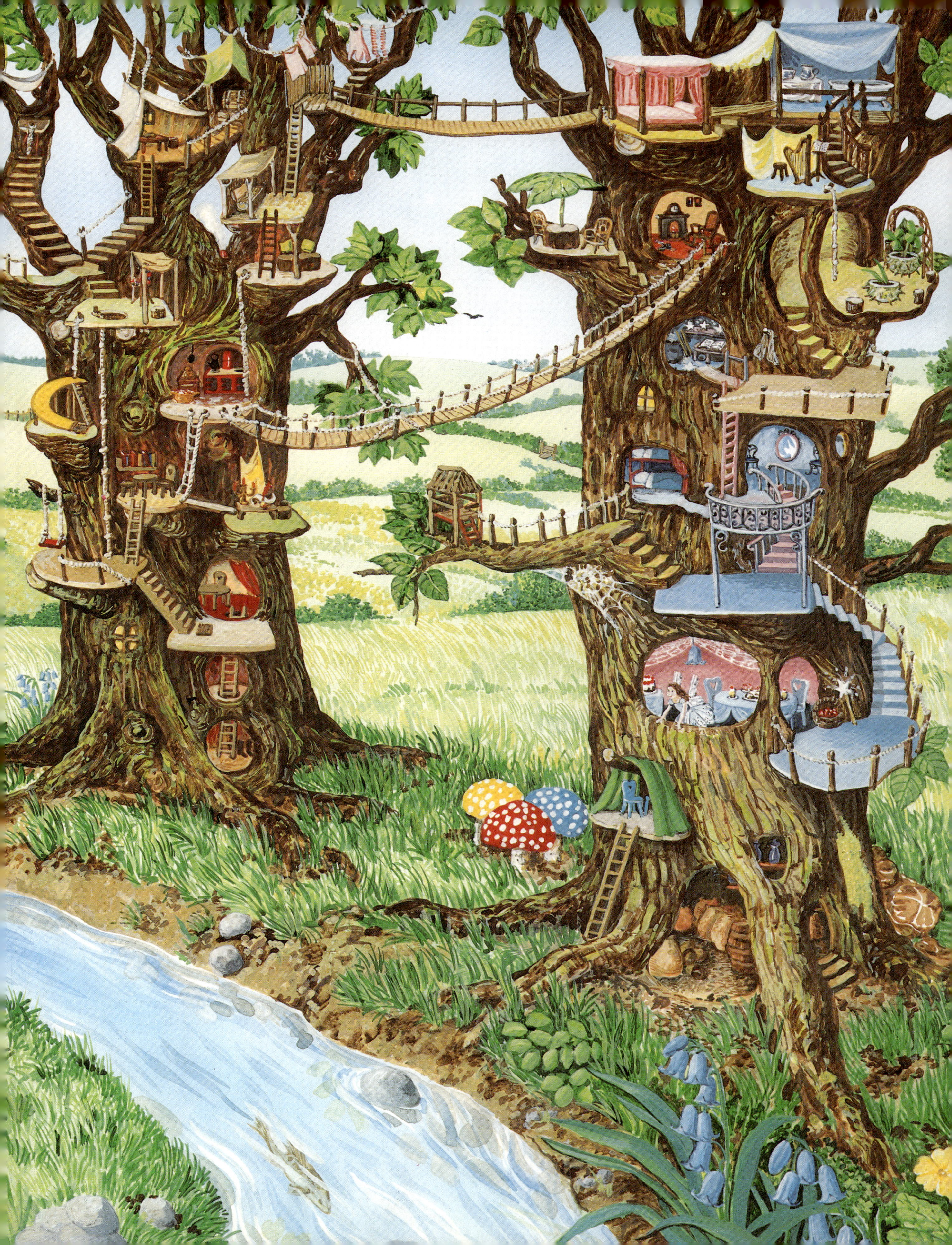

Flucht aus der Burg

Die Prinzessin hat den Schlüssel, mit dem sie den König aus dem Turmverlies befreien kann. Alle anderen Tore und Türen sind für sie fest verschlossen. Über Seile, Pfade, Leitern und Treppen kann sie aber trotzdem zum König gelangen.

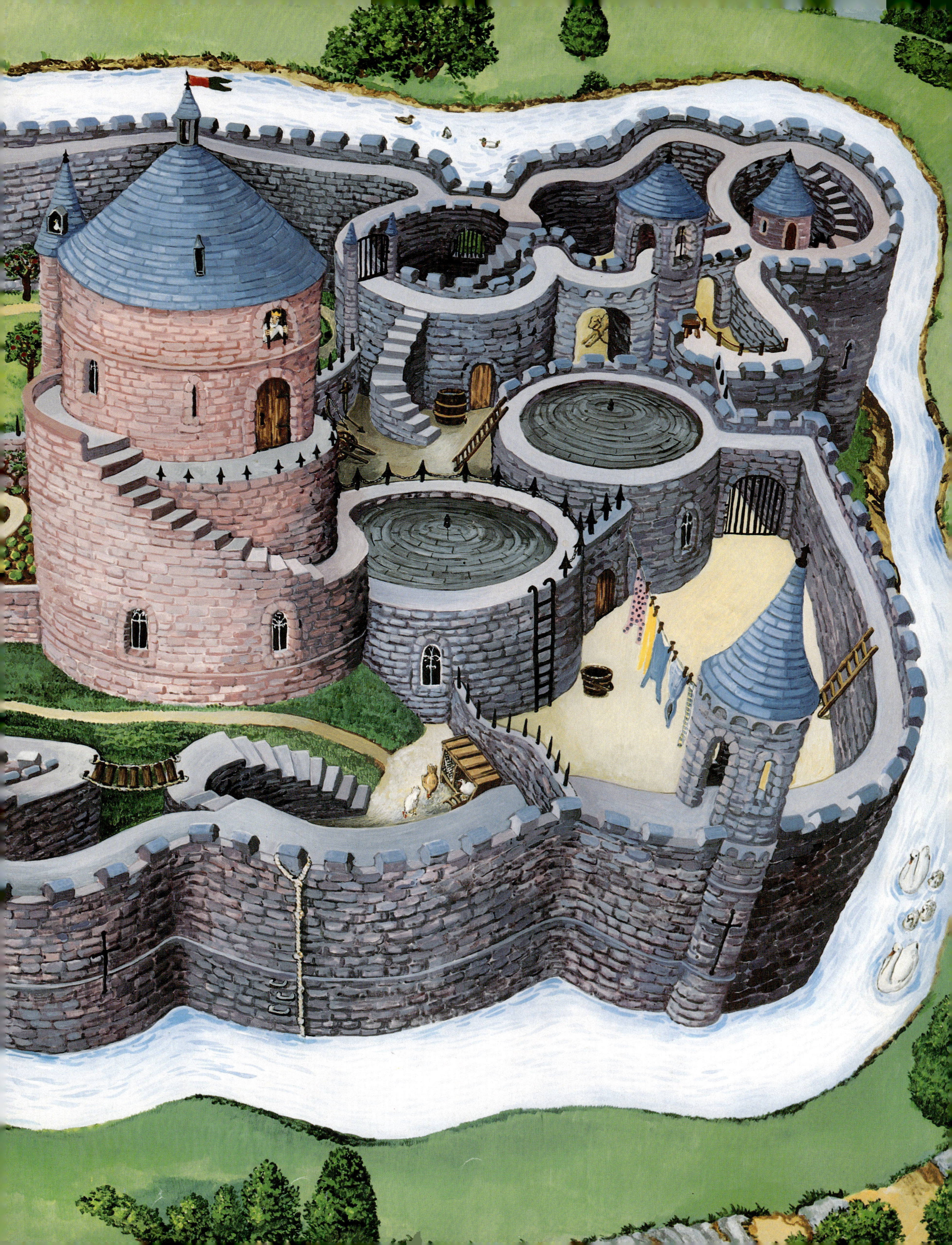

Gespensterjagd

Stiehl dich durch die Seitentür ins Geisterhaus. Traust du dich, zum Versteck des Gespensts zu schleichen?

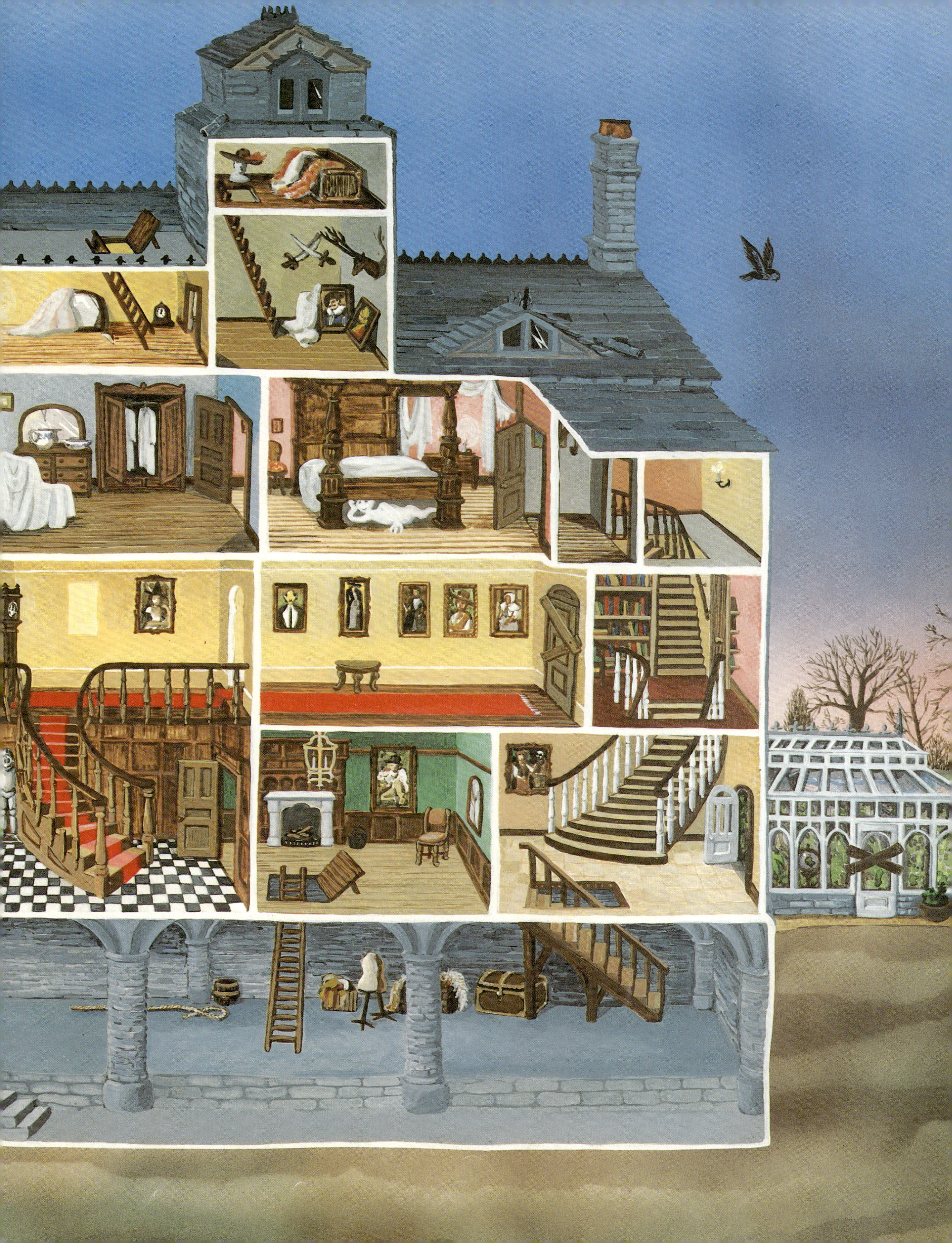

Bei den Erdwichteln

Trolli, das Erdwichtel-Mädchen, steht auf. Wie gelangt sie heimlich nach draußen, um vor der Schule noch ein bißchen im Schnee herumtollen zu können?

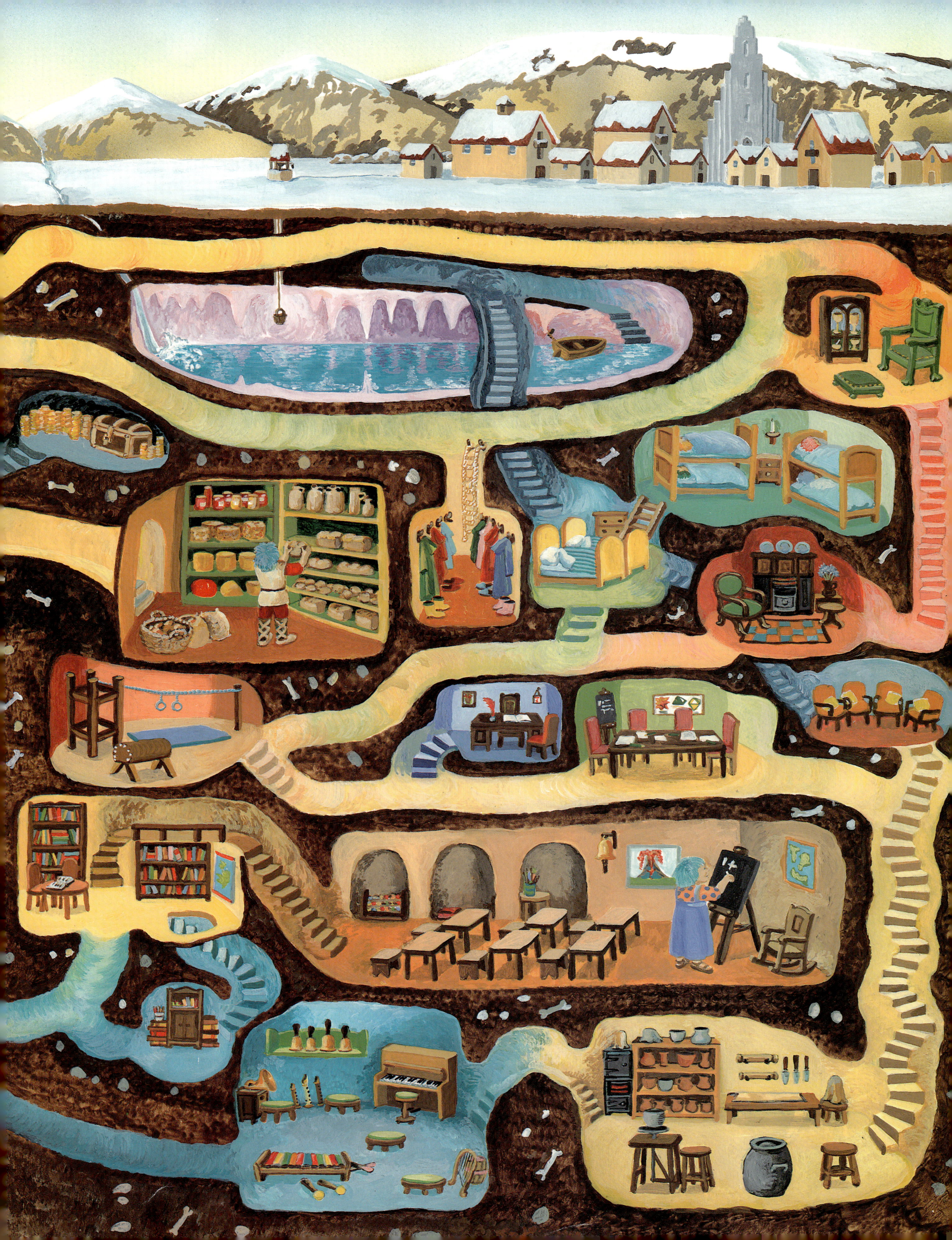

Schatzsuche

Der Pirat hat es sich in den Kopf gesetzt, einen Weg über die Brücken zu finden, der ihn zu dem Schatz auf dem Blauen Berg führt. Schafft er es?

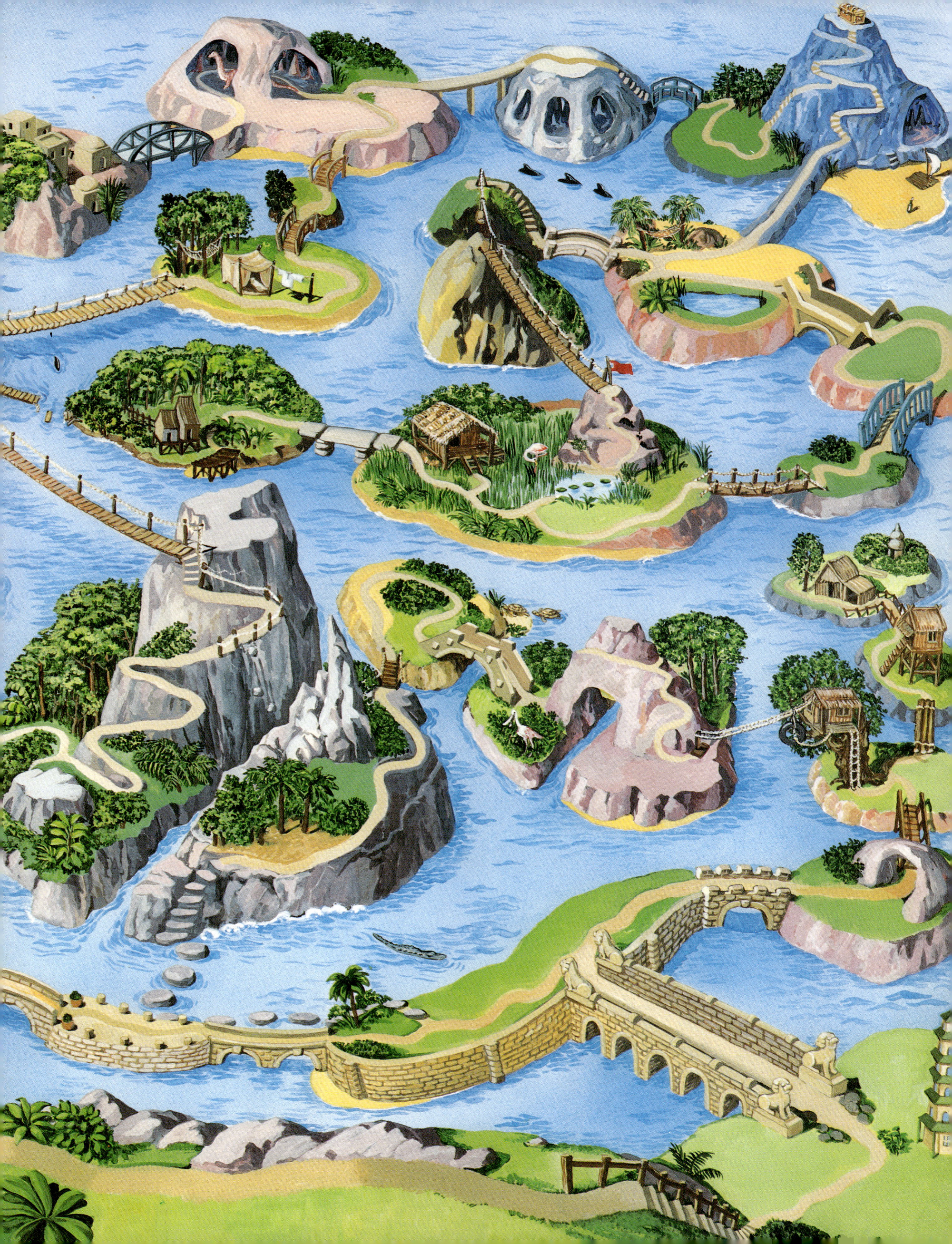

Im Zauberwald

Überall im Zauberwald lauern Gefahren. Aber Fledermäuse warnen dich, und am Ende findest du ein Boot, das dich in Sicherheit bringt.

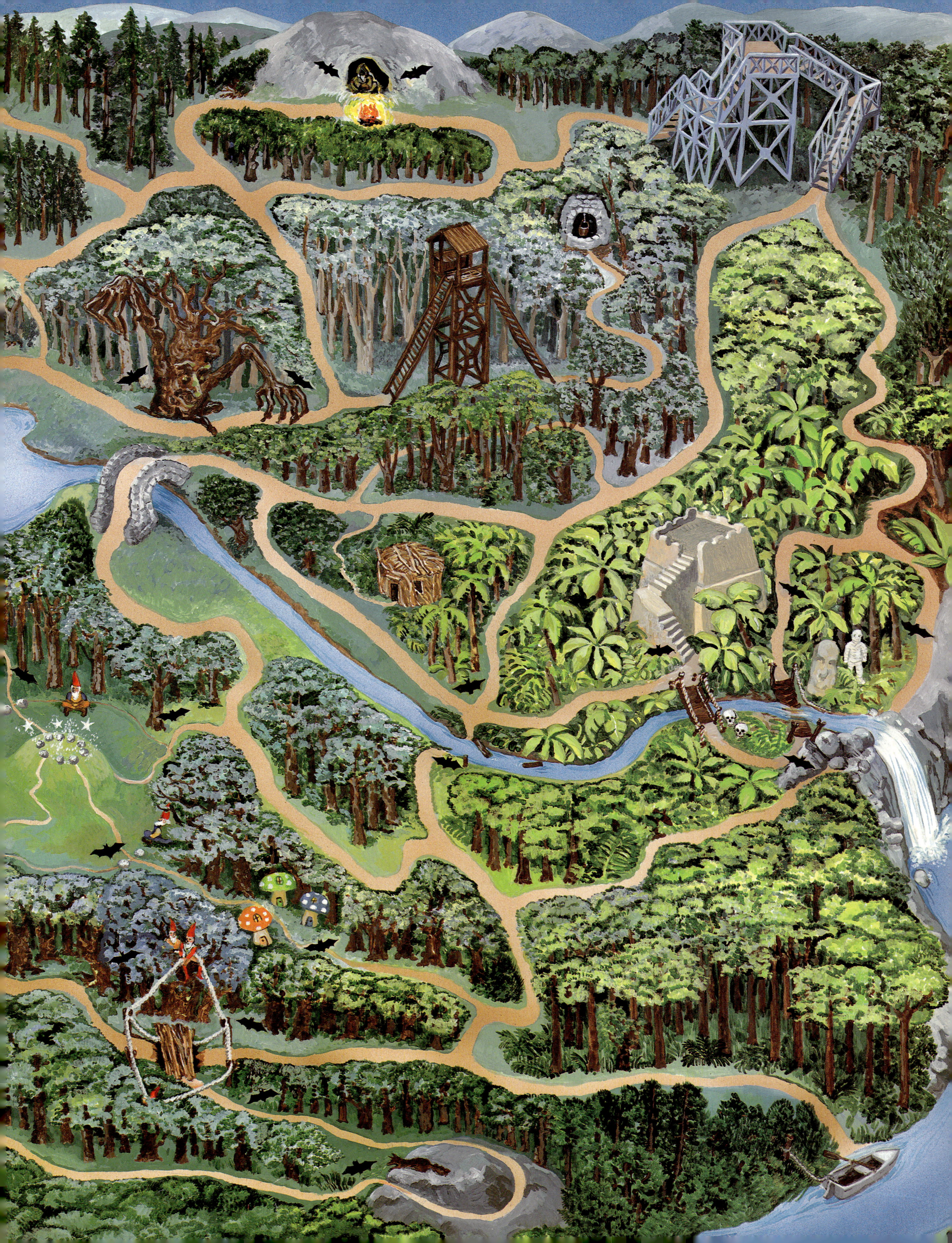

Schienengewirr

Der blaue Zug fährt in die Stadt, der rote ans Meer.
Auf welchen Gleisen kommen sie ans Ziel?

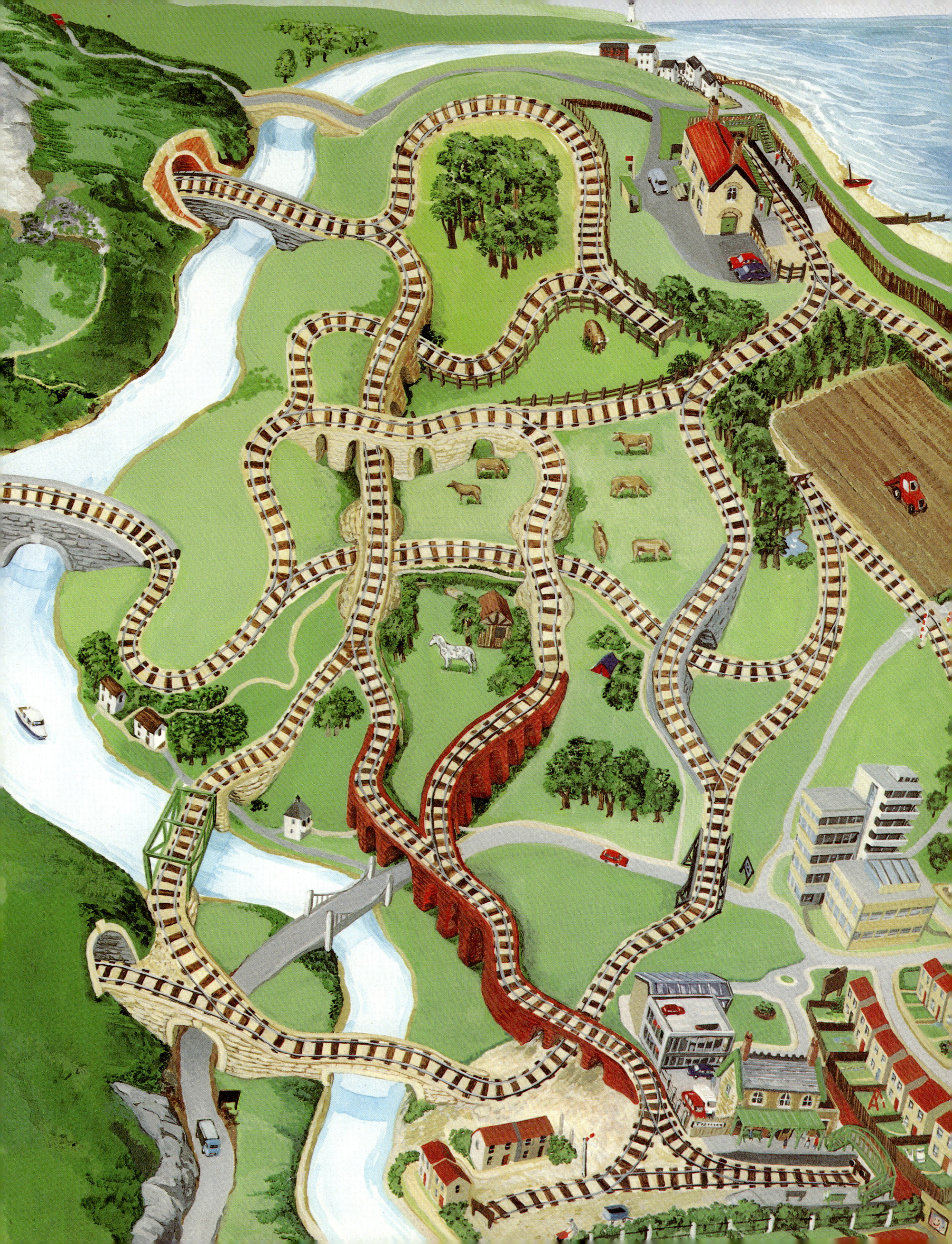

Im Irrgarten

Erst gehst du von der linken Treppe über die Plattenwege zum Springbrunnen. Von dort suchst du dir dann einen Weg über den von Hecken umgebenen Platz zur rechten Treppe. Dabei darfst du aber immer nur von einer Platte mit einem Kreis zu einer mit einem Quadrat gehen!

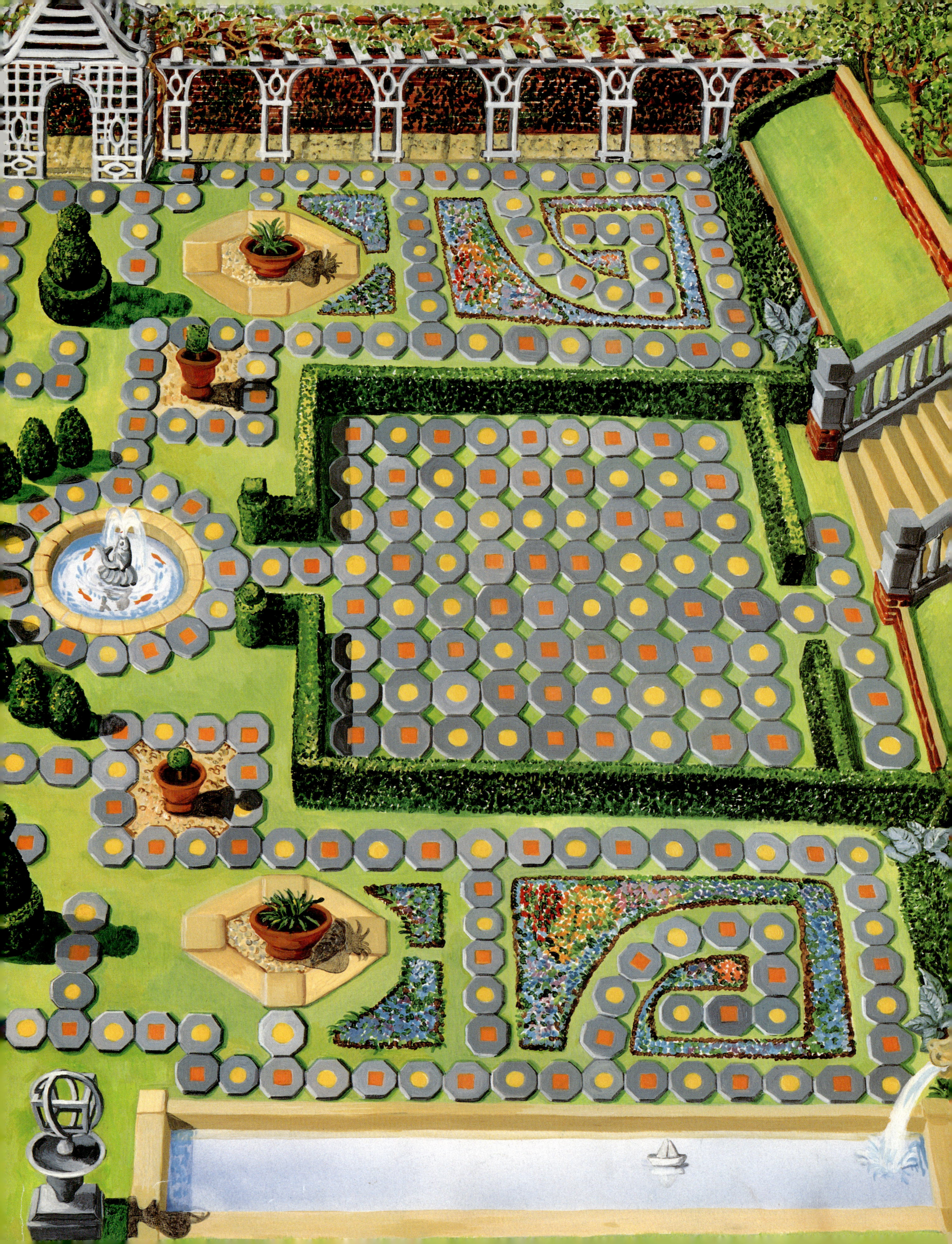

Auf dem Piratenschiff

Für den Schiffsjungen wird es höchste Zeit, den Ausguck auf dem Mittelmast zu erklimmen. Siehst du, wo er auf einer Decke schläft, und findest du den Weg, den er nehmen muß?

Lösungsmöglichkeiten

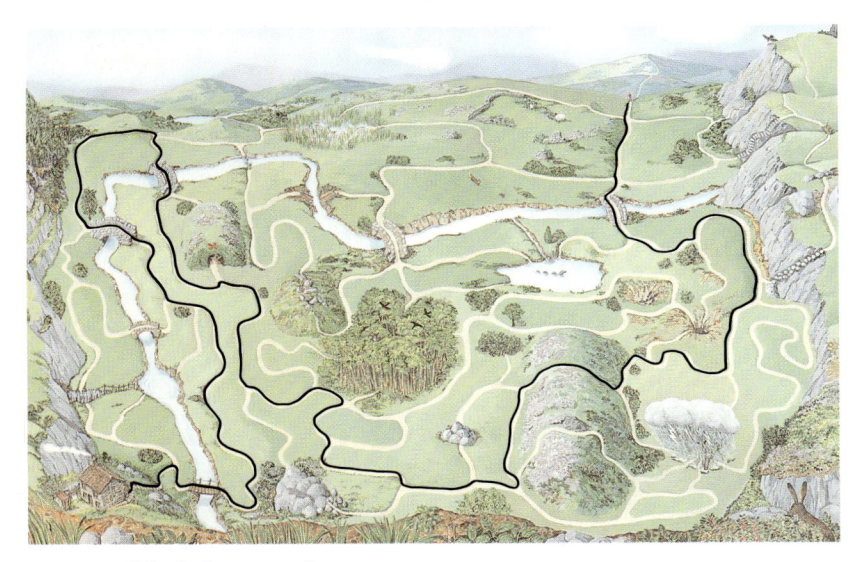

Eine gefährliche Wanderung

In einer fremden Stadt

Eine Kanu-Fahrt

Von Baumhaus zu Baumhaus

Flucht aus der Burg

Gespensterjagd

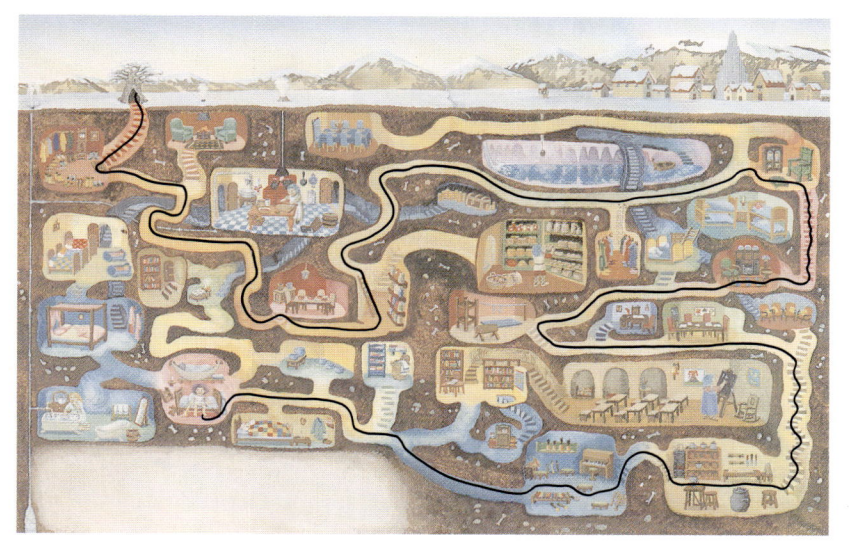

Bei den Erdwichteln

Schatzsuche

Im Zauberwald

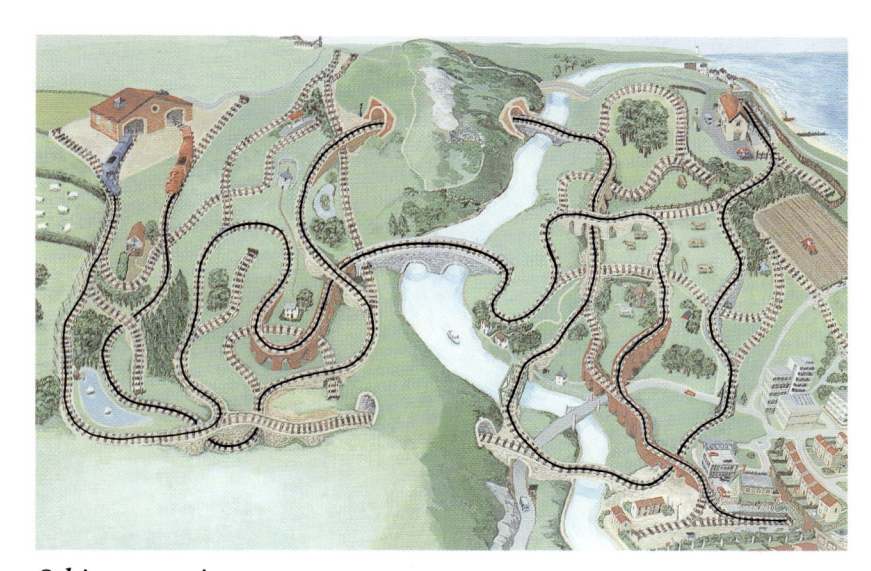

Schienengewirr

Im Irrgarten

Auf dem Piratenschiff

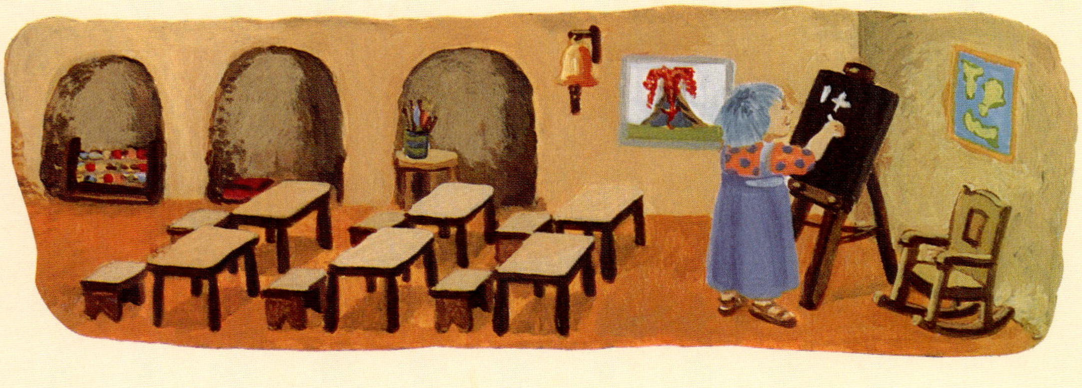